MW00939072

Congratulations! This journal will be a book you treasure for years after you graduated college that you can pass down to your family. Each night take 30 seconds to write a memory down from that day. Over time this journal will be filled with memories from the last four years.

This journal belongs to

Date: _____

20 _____
_____
_____
_____
_____

20 _____
_____
_____
_____
_____

20 _____
_____
_____
_____
_____

20 _____
_____
_____
_____
_____

Date: _____

20___ _____
_____
_____
_____
_____

20___ _____
_____
_____
_____
_____

20___ _____
_____
_____
_____
_____

20___ _____
_____
_____
_____
_____

Date: _____

20 _____
_____
_____
_____

20 _____
_____
_____
_____

20 _____
_____
_____
_____

20 _____
_____
_____
_____

Date: _____

20____ _____
_____
_____
_____
_____

20____ _____
_____
_____
_____
_____

20____ _____
_____
_____
_____
_____

20____ _____
_____
_____
_____
_____

Date: _____

20_____
_____
_____
_____
_____

20_____
_____
_____
_____
_____

20_____
_____
_____
_____
_____

20_____
_____
_____
_____
_____

Date: _____

20 _____
 _____
 _____
 _____
 _____
 _____

20 _____
 _____
 _____
 _____
 _____
 _____

20 _____
 _____
 _____
 _____
 _____
 _____

20 _____
 _____
 _____
 _____
 _____
 _____

Date: _____

20 _____
_____
_____
_____
_____

20 _____
_____
_____
_____
_____

20 _____
_____
_____
_____
_____

20 _____
_____
_____
_____
_____

Date: _____

20 _____
_____
_____
_____
_____

20 _____
_____
_____
_____
_____

20 _____
_____
_____
_____
_____

20 _____
_____
_____
_____
_____

Date: _____

20 _____
_____
_____
_____

20 _____
_____
_____
_____

20 _____
_____
_____
_____

20 _____
_____
_____
_____

Date: _____

20 _____
_____
_____
_____
_____

20 _____
_____
_____
_____
_____

20 _____
_____
_____
_____
_____

20 _____
_____
_____
_____
_____

Date: _____

20 _____
_____
_____
_____
_____

20 _____
_____
_____
_____
_____

20 _____
_____
_____
_____
_____

20 _____
_____
_____
_____
_____

Date: _____

20 _____
_____
_____
_____
_____

20 _____
_____
_____
_____
_____

20 _____
_____
_____
_____
_____

20 _____
_____
_____
_____
_____

Date: _____

20 _____
_____
_____
_____
_____

20 _____
_____
_____
_____

20 _____
_____
_____
_____

20 _____
_____
_____
_____

Date: _____

20 _____
_____
_____
_____

20 _____
_____
_____
_____

20 _____
_____
_____
_____

20 _____
_____
_____
_____

Date: _____

20 _____
_____
_____
_____
_____

20 _____
_____
_____
_____
_____

20 _____
_____
_____
_____
_____

20 _____
_____
_____
_____
_____

Date: _____

20____ _____
_____
_____
_____
_____

20____ _____
_____
_____
_____
_____

20____ _____
_____
_____
_____
_____

20____ _____
_____
_____
_____
_____

Date: _____

20 _____
_____
_____
_____

20 _____
_____
_____
_____

20 _____
_____
_____
_____

20 _____
_____
_____
_____

Date: _____

20 _____
_____
_____
_____
_____
_____

20 _____
_____
_____
_____
_____
_____

20 _____
_____
_____
_____
_____

20 _____
_____
_____
_____
_____

Date: _____

20 _____
_____
_____
_____
_____

20 _____
_____
_____
_____
_____

20 _____
_____
_____
_____
_____

20 _____
_____
_____
_____
_____

Date: _____

20 _____
_____
_____
_____

20 _____
_____
_____
_____

20 _____
_____
_____
_____

20 _____
_____
_____
_____

Date: _____

20 _____
_____
_____
_____

20 _____
_____
_____
_____

20 _____
_____
_____
_____

20 _____
_____
_____
_____

Date: _____

20 _____
_____
_____
_____

20 _____
_____
_____
_____

20 _____
_____
_____
_____

20 _____
_____
_____
_____

Date: _____

20 _____
_____
_____
_____

20 _____
_____
_____
_____

20 _____
_____
_____
_____

20 _____
_____
_____
_____

Date: _____

20____ _____

20____ _____

20____ _____

20____ _____

Date: _____

20 _____
_____
_____
_____

20 _____
_____
_____
_____

20 _____
_____
_____
_____

20 _____
_____
_____
_____

Date: _____

20 _____

_____

_____

_____

20 _____

_____

_____

_____

20 _____

_____

_____

_____

20 _____

_____

_____

_____

Date: _____

20 _____
_____
_____
_____
_____

20 _____
_____
_____
_____
_____

20 _____
_____
_____
_____
_____

20 _____
_____
_____
_____
_____

Date: _____

20 _____
_____
_____
_____

20 _____
_____
_____
_____

20 _____
_____
_____
_____

20 _____
_____
_____
_____

Date: _____

20 _____
_____
_____
_____

20 _____
_____
_____
_____

20 _____
_____
_____
_____

20 _____
_____
_____
_____

Date: _____

20 _____
_____
_____
_____

20 _____
_____
_____
_____

20 _____
_____
_____
_____

20 _____
_____
_____
_____

Date: _____

20 _____
_____
_____
_____
_____

20 _____
_____
_____
_____
_____

20 _____
_____
_____
_____
_____

20 _____
_____
_____
_____
_____

Date: _____

20 _____
_____
_____
_____
_____

20 _____
_____
_____
_____
_____

20 _____
_____
_____
_____
_____

20 _____
_____
_____
_____
_____

Date: _____ _____

20 _____
_____
_____
_____
_____

20 _____
_____
_____
_____
_____

20 _____
_____
_____
_____
_____

20 _____
_____
_____
_____
_____

Date: _____

20 _____
_____
_____
_____
_____

20 _____
_____
_____
_____
_____

20 _____
_____
_____
_____

20 _____
_____
_____
_____

Date: _____

20 _____
_____
_____
_____
_____

20 _____
_____
_____
_____
_____

20 _____
_____
_____
_____

20 _____
_____
_____
_____

Date: _____

20___ _____
_____
_____
_____
_____

20___ _____
_____
_____
_____
_____

20___ _____
_____
_____
_____
_____

20___ _____
_____
_____
_____
_____

Date: _____

20 _____
_____
_____
_____
_____

20 _____
_____
_____
_____
_____

20 _____
_____
_____
_____
_____

20 _____
_____
_____
_____
_____

Date: _____

20 _____
_____
_____
_____

20 _____
_____
_____
_____

20 _____
_____
_____
_____

20 _____
_____
_____
_____

Date: _____

20 _____
_____
_____
_____

20 _____
_____
_____
_____

20 _____
_____
_____
_____

20 _____
_____
_____
_____

Date: _____

20 _____
_____

_____
_____
_____

20 _____
_____

_____
_____
_____

20 _____
_____

_____
_____
_____

20 _____
_____

_____
_____
_____

Date: _____

20 _____
_____
_____
_____
_____

20 _____
_____
_____
_____
_____

20 _____
_____
_____
_____

20 _____
_____
_____
_____

Date: _____

20 _____
_____
_____
_____
_____

20 _____
_____
_____
_____
_____

20 _____
_____
_____
_____
_____

20 _____
_____
_____
_____
_____

Date: _____

20 _____
_____
_____
_____

20 _____
_____
_____
_____

20 _____
_____
_____
_____

20 _____
_____
_____
_____

Date: _____

20 _____
_____
_____
_____
_____

20 _____
_____
_____
_____
_____

20 _____
_____
_____
_____
_____

20 _____
_____
_____
_____
_____

Date: _____

20 _____
_____
_____
_____

20 _____
_____
_____
_____

20 _____
_____
_____
_____

20 _____
_____
_____
_____

Date: _____

20 _____
        _____
        _____
        _____
        _____

20 _____
        _____
        _____
        _____
        _____

20 _____
        _____
        _____
        _____
        _____

20 _____
        _____
        _____
        _____
        _____

Date: _____

20_____
_____
_____
_____
_____

20_____
_____
_____
_____
_____

20_____
_____
_____
_____
_____

20_____
_____
_____
_____
_____

Date: _____

20 _____
_____
_____
_____
_____

20 _____
_____
_____
_____
_____

20 _____
_____
_____
_____

20 _____
_____
_____
_____
_____

Date: _____

20_____
_____
_____
_____
_____

20_____
_____
_____
_____
_____

20_____
_____
_____
_____
_____

20_____
_____
_____
_____
_____

Date: _____

20 _____
_____
_____
_____
_____

20 _____
_____
_____
_____
_____

20 _____
_____
_____
_____
_____

20 _____
_____
_____
_____
_____

Date: _____

20 _____
_____
_____
_____

20 _____
_____
_____
_____

20 _____
_____
_____
_____

20 _____
_____
_____
_____

Date: _____

20_____
_____
_____
_____
_____

20_____
_____
_____
_____
_____

20_____
_____
_____
_____
_____

20_____
_____
_____
_____
_____

Date: _____

20 _____
_____
_____
_____

20 _____
_____
_____
_____

20 _____
_____
_____
_____

20 _____
_____
_____
_____

Date: _____

20 _____
_____
_____
_____

20 _____
_____
_____
_____

20 _____
_____
_____
_____

20 _____
_____
_____
_____

Date: _____

20 _____
_____
_____
_____
_____

20 _____
_____
_____
_____
_____

20 _____
_____
_____
_____

20 _____
_____
_____
_____
_____

Date: _____

20 _____
_____
_____
_____
_____

20 _____
_____
_____
_____
_____

20 _____
_____
_____
_____
_____

20 _____
_____
_____
_____
_____

Date: _____

20 _____
_____
_____
_____
_____

20 _____
_____
_____
_____
_____

20 _____
_____
_____
_____
_____

20 _____
_____
_____
_____
_____

Date: _____

20 _____
_____
_____
_____
_____

20 _____
_____
_____
_____
_____

20 _____
_____
_____
_____
_____

20 _____
_____
_____
_____
_____

Date: _____

20 _____
_____
_____
_____

20 _____
_____
_____
_____

20 _____
_____
_____
_____

20 _____
_____
_____
_____

Date: _____

20 _____
_____
_____
_____
_____

20 _____
_____
_____
_____
_____

20 _____
_____
_____
_____
_____

20 _____
_____
_____
_____
_____

Date: _____

20 _____
_____
_____
_____
_____

20 _____
_____
_____
_____
_____

20 _____
_____
_____
_____
_____

20 _____
_____
_____
_____
_____

Date: _____

20 _____
_____
_____
_____
_____

20 _____
_____
_____
_____
_____

20 _____
_____
_____
_____
_____

20 _____
_____
_____
_____
_____

Date: _____

20 _____
_____
_____
_____

20 _____
_____
_____
_____

20 _____
_____
_____
_____

20 _____
_____
_____
_____

Date: _____

20 _____
_____
_____
_____
_____

20 _____
_____
_____
_____
_____

20 _____
_____
_____
_____
_____

20 _____
_____
_____
_____
_____

Date: _____

20___ _____
_____
_____
_____

20___ _____
_____
_____
_____

20___ _____
_____
_____
_____

20___ _____
_____
_____
_____

Date: _____

20 _____
_____
_____
_____
_____

20 _____
_____
_____
_____
_____

20 _____
_____
_____
_____
_____

20 _____
_____
_____
_____
_____

Date: _____

20 _____

_____
_____
_____

20 _____

_____
_____
_____

20 _____

_____
_____
_____

20 _____

_____
_____
_____

Date: _____

20 _____
_____
_____
_____
_____
_____

20 _____
_____
_____
_____
_____
_____

20 _____
_____
_____
_____
_____
_____

20 _____
_____
_____
_____
_____

Date: _____

20 _____
_____
_____
_____
_____

20 _____
_____
_____
_____
_____

20 _____
_____
_____
_____
_____

20 _____
_____
_____
_____
_____

Date: _____

20 _____
_____
_____
_____
_____

20 _____
_____
_____
_____
_____

20 _____
_____
_____
_____
_____

20 _____
_____
_____
_____
_____

Date: _____

20 _____
_____
_____
_____
_____

20 _____
_____
_____
_____
_____

20 _____
_____
_____
_____
_____

20 _____
_____
_____
_____
_____

Date: _____

20 _____
_____
_____
_____
_____
_____

20 _____
_____
_____
_____
_____
_____

20 _____
_____
_____
_____
_____
_____

20 _____
_____
_____
_____
_____
_____

Date: _____

20 _____
_____
_____
_____
_____

20 _____
_____
_____
_____
_____

20 _____
_____
_____
_____

20 _____
_____
_____
_____

Date: _____

20____ _____
_____
_____
_____

20____ _____
_____
_____
_____

20____ _____
_____
_____
_____

20____ _____
_____
_____
_____

Date: _____

20 _____
_____
_____
_____
_____
_____

20 _____
_____
_____
_____
_____
_____

20 _____
_____
_____
_____
_____
_____

20 _____
_____
_____
_____
_____

Date: _____

20 _____
_____
_____
_____
_____

20 _____
_____
_____
_____
_____

20 _____
_____
_____
_____
_____

20 _____
_____
_____
_____
_____

Date: _____

20 _____
_____
_____
_____
_____

20 _____
_____
_____
_____
_____

20 _____
_____
_____
_____

20 _____
_____
_____
_____

Date: _____

20　_____
_____
_____
_____
_____

20　_____
_____
_____
_____
_____

20　_____
_____
_____
_____
_____

20　_____
_____
_____
_____
_____

Date: _____

20_____
_____
_____
_____
_____

20_____
_____
_____
_____
_____

20_____
_____
_____
_____
_____

20_____
_____
_____
_____
_____

Date: _____

20_____
_____
_____
_____
_____

20_____
_____
_____
_____
_____

20_____
_____
_____
_____
_____

20_____
_____
_____
_____
_____

Date: _____

20 _____
_____
_____
_____

20 _____
_____
_____
_____

20 _____
_____
_____
_____

20 _____
_____
_____
_____

Date: _____

20 _____
_____
_____
_____
_____

20 _____
_____
_____
_____
_____

20 _____
_____
_____
_____
_____

20 _____
_____
_____
_____
_____

Date: _____

20 _____
_____
_____
_____

20 _____
_____
_____
_____

20 _____
_____
_____
_____

20 _____
_____
_____
_____

Date: _____

20_____
_____
_____
_____

20_____
_____
_____
_____

20_____
_____
_____
_____

20_____
_____
_____
_____

Date: _____

20_____

20_____

20_____

20_____

Date: _____

20 _____
_____
_____
_____

20 _____
_____
_____
_____

20 _____
_____
_____
_____

20 _____
_____
_____
_____

Date: _____

20 _____
_____
_____
_____
_____

20 _____
_____
_____
_____
_____

20 _____
_____
_____
_____
_____

20 _____
_____
_____
_____
_____

Date: _____

20_____
_____
_____
_____
_____

20_____
_____
_____
_____
_____

20_____
_____
_____
_____
_____

20_____
_____
_____
_____
_____

Date: _____

20 _____
_____
_____
_____
_____

20 _____
_____
_____
_____
_____

20 _____
_____
_____
_____
_____

20 _____
_____
_____
_____
_____

Date: _____

20 _____
_____
_____
_____

20 _____
_____
_____
_____

20 _____
_____
_____
_____

20 _____
_____
_____
_____

Date: _____

20 _____
_____
_____
_____
_____

20 _____
_____
_____
_____
_____

20 _____
_____
_____
_____

20 _____
_____
_____
_____

Date: _____

20 _____
_____
_____
_____
_____

20 _____
_____
_____
_____
_____

20 _____
_____
_____
_____
_____

20 _____
_____
_____
_____
_____

Date: _____

20 _____
_____
_____
_____
_____

20 _____
_____
_____
_____
_____

20 _____
_____
_____
_____
_____

20 _____
_____
_____
_____
_____

Date: _____

20____ _____

_____
_____
_____

20____ _____

_____
_____
_____

20____ _____

_____
_____
_____

20____ _____

_____
_____
_____

Date: _____

20 _____
_____
_____
_____

20 _____
_____
_____
_____

20 _____
_____
_____
_____

20 _____
_____
_____
_____

Date: _____

20 _____
_____
_____
_____
_____
_____

20 _____
_____
_____
_____
_____
_____

20 _____
_____
_____
_____
_____
_____

20 _____
_____
_____
_____
_____
_____

Date: _____

20 _____
_____
_____
_____

20 _____
_____
_____
_____

20 _____
_____
_____
_____

20 _____
_____
_____
_____

Date: _____

20 _____
_____
_____
_____
_____

20 _____
_____
_____
_____
_____

20 _____
_____
_____
_____
_____

20 _____
_____
_____
_____
_____

Date: _____

20 _____
_____
_____
_____

20 _____
_____
_____
_____

20 _____
_____
_____
_____

20 _____
_____
_____
_____

Date: _____

20 _____
_____
_____
_____
_____

20 _____
_____
_____
_____
_____

20 _____
_____
_____
_____

20 _____
_____
_____
_____

Date: _____

20 _____
_____
_____
_____
_____

20 _____
_____
_____
_____
_____

20 _____
_____
_____
_____

20 _____
_____
_____
_____

Date: _____

20 _____

20 _____

20 _____

20 _____

Date: _____

20 _____
_____
_____
_____

20 _____
_____
_____
_____

20 _____
_____
_____
_____

20 _____
_____
_____
_____

Date: _____

20 _____
_____
_____
_____
_____

20 _____
_____
_____
_____
_____

20 _____
_____
_____
_____
_____

20 _____
_____
_____
_____
_____

Date: _____

20 _____
_____
_____
_____
_____

20 _____
_____
_____
_____
_____

20 _____
_____
_____
_____
_____

20 _____
_____
_____
_____
_____

Date: _____

20_____

20_____

20_____

20_____

Date: _____

20 _____
_____
_____
_____

20 _____
_____
_____
_____

20 _____
_____
_____
_____

20 _____
_____
_____
_____

Date: _____

20 _____
_____
_____
_____
_____

20 _____
_____
_____
_____
_____

20 _____
_____
_____
_____
_____

20 _____
_____
_____
_____
_____

Date: _____

20 _____
_____
_____
_____

20 _____
_____
_____
_____

20 _____
_____
_____
_____

20 _____
_____
_____
_____

Date: _____

20_____

20_____

20_____

20_____

Date: _____

20 _____

20 _____

20 _____

20 _____

Date: _____

20 _____
_____
_____
_____
_____

20 _____
_____
_____
_____
_____

20 _____
_____
_____
_____
_____

20 _____
_____
_____
_____
_____

Date: _____

20 _____
_____
_____
_____

20 _____
_____
_____
_____
_____

20 _____
_____
_____
_____

20 _____
_____
_____
_____

Date: _____

20 _____

_____
_____
_____

20 _____

_____
_____
_____

20 _____

_____
_____
_____

20 _____

_____
_____
_____

Date: _____

20 _____
_____
_____
_____

20 _____
_____
_____
_____

20 _____
_____
_____
_____

20 _____
_____
_____
_____

Date: _____

20 _____
_____
_____
_____

20 _____
_____
_____
_____

20 _____
_____
_____
_____

20 _____
_____
_____
_____

Date: _____

20 _____
_____
_____
_____
_____

20 _____
_____
_____
_____
_____

20 _____
_____
_____
_____
_____

20 _____
_____
_____
_____
_____

Date: _____

20 ——————————————
——————————————
——————————————
——————————————

20 ——————————————
——————————————
——————————————
——————————————

20 ——————————————
——————————————
——————————————

20 ——————————————
——————————————
——————————————
——————————————

Date: _____

20_____
_____
_____
_____
_____

20_____
_____
_____
_____
_____

20_____
_____
_____
_____
_____

20_____
_____
_____
_____
_____

Date: _____

20 _____
_____
_____
_____

20 _____
_____
_____
_____

20 _____
_____
_____
_____

20 _____
_____
_____
_____

Date: _____

20 _____
_____
_____
_____
_____

20 _____
_____
_____
_____
_____

20 _____
_____
_____
_____

20 _____
_____
_____
_____
_____

Date: _____

20 _____
_____
_____
_____
_____

20 _____
_____
_____
_____
_____

20 _____
_____
_____
_____
_____

20 _____
_____
_____
_____
_____

Date: _____

20 _____
_____
_____
_____

20 _____
_____
_____
_____

20 _____
_____
_____
_____

20 _____
_____
_____
_____

Date: _____

20_____

20_____

20_____

20_____

Date: _____

20 _____
   _____
   _____
   _____
   _____

20 _____
   _____
   _____
   _____
   _____

20 _____
   _____
   _____
   _____
   _____

20 _____
   _____
   _____
   _____
   _____

Date: _____

20 _____
  _____
  _____
  _____

20 _____
  _____
  _____
  _____

20 _____
  _____
  _____
  _____

20 _____
  _____
  _____
  _____

Date: _____

20 _____
_____
_____
_____
_____

20 _____
_____
_____
_____
_____

20 _____
_____
_____
_____

20 _____
_____
_____
_____

Date: _____

20 _____
_____
_____
_____
_____

20 _____
_____
_____
_____
_____

20 _____
_____
_____
_____
_____

20 _____
_____
_____
_____
_____

Date: _____

20 _____
_____
_____
_____

20 _____
_____
_____
_____

20 _____
_____
_____
_____

20 _____
_____
_____
_____

Date: _____

20 _____
_____
_____
_____
_____

20 _____
_____
_____
_____
_____

20 _____
_____
_____
_____
_____

20 _____
_____
_____
_____
_____

Date: _____

20_____
_____
_____
_____
_____

20_____
_____
_____
_____
_____

20_____
_____
_____
_____

20_____
_____
_____
_____
_____

Date: _____

20 _____

_____
_____
_____

20 _____

_____
_____
_____

20 _____

_____
_____
_____

20 _____

_____
_____
_____

Date: _____

20_____
_____
_____
_____
_____

20_____
_____
_____
_____
_____

20_____
_____
_____
_____
_____

20_____
_____
_____
_____
_____

Date: _____

20_____
_____
_____
_____
_____

20_____
_____
_____
_____
_____

20_____
_____
_____
_____
_____

20_____
_____
_____
_____
_____

Date: _____

20 _____
   _____
   _____
   _____

20 _____
   _____
   _____
   _____

20 _____
   _____
   _____
   _____

20 _____
   _____
   _____
   _____

Date: _____

20 _____
_____
_____
_____

20 _____
_____
_____
_____

20 _____
_____
_____
_____

20 _____
_____
_____
_____

Date: _____

20 _____
_____
_____
_____

20 _____
_____
_____
_____

20 _____
_____
_____
_____

20 _____
_____
_____
_____

Date: _____

20 _____
_____
_____
_____
_____

20 _____
_____
_____
_____
_____

20 _____
_____
_____
_____
_____

20 _____
_____
_____
_____
_____

Date: _____

20 _____
_____
_____
_____

20 _____
_____
_____
_____

20 _____
_____
_____
_____

20 _____
_____
_____
_____

Date: _____

20 _____
_____
_____
_____
_____

20 _____
_____
_____
_____
_____

20 _____
_____
_____
_____
_____

20 _____
_____
_____
_____
_____

Date: _____

20

20

20

20

Date: _____

20 _____
_____
_____
_____
_____

20 _____
_____
_____
_____
_____

20 _____
_____
_____
_____
_____

20 _____
_____
_____
_____
_____

Date: _____

20 _____
_____
_____
_____

20 _____
_____
_____
_____

20 _____
_____
_____
_____

20 _____
_____
_____
_____

Date: _____

20_____
_____
_____
_____
_____

20_____
_____
_____
_____
_____

20_____
_____
_____
_____
_____

20_____
_____
_____
_____
_____

Date: _____

20 _____
_____
_____
_____
_____

20 _____
_____
_____
_____
_____

20 _____
_____
_____
_____
_____

20 _____
_____
_____
_____
_____

Date: _____

20 _____
_____
_____
_____
_____
_____

20 _____
_____
_____
_____
_____
_____

20 _____
_____
_____
_____
_____
_____

20 _____
_____
_____
_____
_____
_____

Date: _____

20_____
_____
_____
_____

20_____
_____
_____
_____

20_____
_____
_____
_____

20_____
_____
_____
_____

Date: _____

20 _____
_____
_____
_____
_____

20 _____
_____
_____
_____
_____

20 _____
_____
_____
_____
_____

20 _____
_____
_____
_____
_____

Date: _____

20 _____
_____
_____
_____

20 _____
_____
_____
_____

20 _____
_____
_____
_____

20 _____
_____
_____
_____

Date: _____

20 _____
_____
_____
_____
_____

20 _____
_____
_____
_____
_____

20 _____
_____
_____
_____
_____

20 _____
_____
_____
_____
_____

Date: _____

20 _____
_____
_____
_____
_____

20 _____
_____
_____
_____
_____

20 _____
_____
_____
_____

20 _____
_____
_____
_____

Date: _____

20 _____
_____
_____
_____
_____

20 _____
_____
_____
_____
_____

20 _____
_____
_____
_____

20 _____
_____
_____
_____

Date: _____

20 _____

_____
_____
_____

20 _____

_____
_____
_____

20 _____

_____
_____
_____

20 _____

_____
_____
_____

Date: _____

20___ _____
_____
_____
_____

20___ _____
_____
_____
_____

20___ _____
_____
_____
_____

20___ _____
_____
_____
_____

Date: _____

20 _____
_____
_____
_____
_____

20 _____
_____
_____
_____
_____

20 _____
_____
_____
_____

20 _____
_____
_____
_____
_____

Date: _____

20 _____
_____
_____
_____
_____

20 _____
_____
_____
_____
_____

20 _____
_____
_____
_____
_____

20 _____
_____
_____
_____
_____

Date: _____

20 _____
_____
_____
_____
_____

20 _____
_____
_____
_____
_____

20 _____
_____
_____
_____
_____

20 _____
_____
_____
_____
_____

Date: _____

20 _____
  _____
  _____
  _____
  _____

20 _____
  _____
  _____
  _____
  _____

20 _____
  _____
  _____
  _____
  _____

20 _____
  _____
  _____
  _____
  _____

Date: _____

20 _____
_____
_____
_____
_____

20 _____
_____
_____
_____
_____

20 _____
_____
_____
_____
_____

20 _____
_____
_____
_____
_____

Date: _____

20 _____
_____
_____
_____
_____
_____

20 _____
_____
_____
_____
_____
_____

20 _____
_____
_____
_____
_____
_____

20 _____
_____
_____
_____
_____

Date: _____

20 _____
_____
_____
_____

20 _____
_____
_____
_____

20 _____
_____
_____
_____

20 _____
_____
_____
_____

Date: _____

20　_____

_____

_____

_____

_____

20　_____

_____

_____

_____

_____

20　_____

_____

_____

_____

_____

20　_____

_____

_____

_____

_____

Date: _____

20 _____
_____
_____
_____
_____

20 _____
_____
_____
_____
_____

20 _____
_____
_____
_____
_____

20 _____
_____
_____
_____
_____

Date: _____

20 _____
_____
_____
_____
_____
_____

20 _____
_____
_____
_____
_____
_____

20 _____
_____
_____
_____
_____
_____

20 _____
_____
_____
_____
_____
_____

Date: _____

20 _____
_____
_____
_____
_____

20 _____
_____
_____
_____
_____

20 _____
_____
_____
_____
_____

20 _____
_____
_____
_____
_____

Date: _____

20 _____
_____
_____
_____
_____

20 _____
_____
_____
_____
_____

20 _____
_____
_____
_____
_____

20 _____
_____
_____
_____
_____

Date: _____

20 _____
_____
_____
_____
_____

20 _____
_____
_____
_____
_____

20 _____
_____
_____
_____
_____

20 _____
_____
_____
_____
_____

Date: _____

20 _____
_____
_____
_____
_____

20 _____
_____
_____
_____
_____

20 _____
_____
_____
_____
_____

20 _____
_____
_____
_____
_____

Date: _____

20 _____
_____
_____
_____

20 _____
_____
_____
_____

20 _____
_____
_____
_____

20 _____
_____
_____
_____

Date: _____

20 _____
_____
_____
_____
_____
_____

20 _____
_____
_____
_____
_____
_____

20 _____
_____
_____
_____
_____
_____

20 _____
_____
_____
_____
_____
_____

Date: _____

20 _____
_____
_____
_____
_____

20 _____
_____
_____
_____
_____

20 _____
_____
_____
_____
_____

20 _____
_____
_____
_____
_____

Date: _____

20 _____
_____
_____
_____
_____
_____

20 _____
_____
_____
_____
_____
_____

20 _____
_____
_____
_____
_____
_____

20 _____
_____
_____
_____
_____
_____

Date: _____

20 _____
_____
_____
_____
_____

20 _____
_____
_____
_____
_____

20 _____
_____
_____
_____
_____

20 _____
_____
_____
_____
_____

Date: _____

20___ _____
_____
_____
_____
_____

20___ _____
_____
_____
_____
_____

20___ _____
_____
_____
_____
_____

20___ _____
_____
_____
_____
_____

Date: _____

20_____ _____
_____
_____
_____
_____

20_____ _____
_____
_____
_____
_____

20_____ _____
_____
_____
_____
_____

20_____ _____
_____
_____
_____
_____

Date: _____

20 _____
_____
_____
_____

20 _____
_____
_____
_____

20 _____
_____
_____
_____

20 _____
_____
_____
_____

Date: _____

20 _____
_____
_____
_____
_____

20 _____
_____
_____
_____
_____

20 _____
_____
_____
_____
_____

20 _____
_____
_____
_____
_____

Date: _____

20 _____
_____
_____
_____
_____

20 _____
_____
_____
_____
_____

20 _____
_____
_____
_____
_____

20 _____
_____
_____
_____
_____

Date: _____

20 _____
_____
_____
_____

20 _____
_____
_____
_____

20 _____
_____
_____
_____

20 _____
_____
_____
_____

Date: _____

20 _____
_____
_____
_____
_____
_____

20 _____
_____
_____
_____
_____
_____

20 _____
_____
_____
_____
_____
_____

20 _____
_____
_____
_____
_____
_____

Date: _____

20 _____
_____
_____
_____
_____

20 _____
_____
_____
_____
_____

20 _____
_____
_____
_____

20 _____
_____
_____
_____

Date: _____

20 _____
_____
_____
_____
_____

20 _____
_____
_____
_____
_____

20 _____
_____
_____
_____
_____

20 _____
_____
_____
_____
_____

Date: _____

20 _____
_____
_____
_____
_____

20 _____
_____
_____
_____
_____

20 _____
_____
_____
_____
_____

20 _____
_____
_____
_____
_____

Date: _____

20 _____
_____
_____
_____
_____

20 _____
_____
_____
_____
_____

20 _____
_____
_____
_____

20 _____
_____
_____
_____

Date: _____

20 _____
_____
_____
_____
_____

20 _____
_____
_____
_____
_____

20 _____
_____
_____
_____
_____

20 _____
_____
_____
_____
_____

Date: _____

20 _____
   _____
   _____
   _____

20 _____
   _____
   _____
   _____

20 _____
   _____
   _____
   _____

20 _____
   _____
   _____
   _____

Date: _____

20 _____
_____
_____
_____
_____

20 _____
_____
_____
_____
_____

20 _____
_____
_____
_____
_____

20 _____
_____
_____
_____
_____

Date: _____

20 _____

_____
_____
_____
_____

20 _____

_____
_____
_____
_____
_____

20 _____

_____
_____
_____
_____
_____

20 _____

_____
_____
_____
_____
_____

Date: _____

20 _____
_____
_____
_____
_____

20 _____
_____
_____
_____
_____

20 _____
_____
_____
_____

20 _____
_____
_____
_____
_____

Date: _____

20 _____
_____
_____
_____
_____

20 _____
_____
_____
_____
_____

20 _____
_____
_____
_____
_____

20 _____
_____
_____
_____
_____

Date: _____

20 _____

20 _____

20 _____

20 _____

Date: _____

20 _____
_____
_____
_____
_____
_____

20 _____
_____
_____
_____
_____
_____

20 _____
_____
_____
_____
_____
_____

20 _____
_____
_____
_____
_____
_____

Date: _____

20_____

20_____

20_____

20_____

Date: _____

20 _____
_____
_____
_____
_____

20 _____
_____
_____
_____
_____

20 _____
_____
_____
_____
_____

20 _____
_____
_____
_____
_____

Date: _____

20 _____
_____
_____
_____

20 _____
_____
_____
_____

20 _____
_____
_____
_____

20 _____
_____
_____
_____

Date: _____

20 _____
_____
_____
_____

20 _____
_____
_____
_____

20 _____
_____
_____
_____

20 _____
_____
_____
_____

Date: _____

20_____

_____
_____
_____

20_____

_____
_____
_____

20_____

_____
_____
_____

20_____

_____
_____
_____

Date: _____

20 _____
_____
_____
_____
_____

20 _____
_____
_____
_____
_____

20 _____
_____
_____
_____
_____

20 _____
_____
_____
_____
_____

Date: _____

20 _____
_____
_____
_____

20 _____
_____
_____
_____
_____

20 _____
_____
_____
_____

20 _____
_____
_____
_____

Date: _____

20_____ _____
_____
_____
_____
_____

20_____ _____
_____
_____
_____
_____

20_____ _____
_____
_____
_____
_____

20_____ _____
_____
_____
_____
_____

Date: _____

20 _____
_____
_____
_____
_____

20 _____
_____
_____
_____
_____

20 _____
_____
_____
_____
_____

20 _____
_____
_____
_____
_____

Date: _____

20 _____
_____
_____
_____
_____

20 _____
_____
_____
_____
_____

20 _____
_____
_____
_____

20 _____
_____
_____
_____

Date: _____

20 _____
_____
_____
_____
_____

20 _____
_____
_____
_____
_____

20 _____
_____
_____
_____

20 _____
_____
_____
_____
_____

Date: _____

20 ⟩ _____
_____
_____
_____
_____

20 ⟩ _____
_____
_____
_____
_____

20 ⟩ _____
_____
_____
_____
_____

20 ⟩ _____
_____
_____
_____
_____

Date: _____

20 _____
_____
_____
_____
_____

20 _____
_____
_____
_____
_____

20 _____
_____
_____
_____

20 _____
_____
_____
_____

Date: _____

20　_____
_____
_____
_____
_____

20　_____
_____
_____
_____
_____

20　_____
_____
_____
_____
_____

20　_____
_____
_____
_____
_____

Date: _____

20 _____
_____
_____
_____

20 _____
_____
_____
_____

20 _____
_____
_____
_____

20 _____
_____
_____
_____

Date: _____

20 _____

_____
_____
_____
_____

20 _____

_____
_____
_____
_____

20 _____

_____
_____
_____
_____

20 _____

_____
_____
_____
_____

Date: _____

20_____
_____
_____
_____
_____

20_____
_____
_____
_____
_____

20_____
_____
_____
_____
_____

20_____
_____
_____
_____
_____

Date: _____

20 _____
_____
_____
_____
_____
_____

20 _____
_____
_____
_____
_____
_____

20 _____
_____
_____
_____
_____
_____

20 _____
_____
_____
_____
_____
_____

Date: _____

20 _____
_____
_____
_____
_____

20 _____
_____
_____
_____
_____

20 _____
_____
_____
_____
_____

20 _____
_____
_____
_____
_____

Date: _____

20 _____

_____
_____
_____
_____

20 _____

_____
_____
_____
_____

20 _____

_____
_____
_____
_____

20 _____

_____
_____
_____
_____

Date: _____

20 _____
_____
_____
_____
_____

20 _____
_____
_____
_____
_____

20 _____
_____
_____
_____
_____

20 _____
_____
_____
_____
_____

Date: _____

20 _____
_____
_____
_____
_____

20 _____
_____
_____
_____
_____

20 _____
_____
_____
_____
_____

20 _____
_____
_____
_____
_____

Date: _____

20 _____
_____
_____
_____

20 _____
_____
_____
_____

20 _____
_____
_____
_____

20 _____
_____
_____
_____

Date: _____

20 _____
_____
_____
_____
_____

20 _____
_____
_____
_____
_____

20 _____
_____
_____
_____
_____

20 _____
_____
_____
_____
_____

Date: _____

20 _____
_____
_____
_____

20 _____
_____
_____
_____

20 _____
_____
_____
_____

20 _____
_____
_____
_____

Date: _____

20 _____
_____
_____
_____
_____

20 _____
_____
_____
_____
_____

20 _____
_____
_____
_____
_____

20 _____
_____
_____
_____
_____

Date: _____

20 _____
_____
_____
_____
_____

20 _____
_____
_____
_____
_____

20 _____
_____
_____
_____
_____

20 _____
_____
_____
_____
_____

Date: _____

20___ _____
_____
_____
_____
_____

20___ _____
_____
_____
_____
_____

20___ _____
_____
_____
_____
_____

20___ _____
_____
_____
_____
_____

Date: _____

20 _____
_____
_____
_____
_____

20 _____
_____
_____
_____
_____

20 _____
_____
_____
_____

20 _____
_____
_____
_____

Date: _____

20 _____
_____
_____
_____
_____
_____

20 _____
_____
_____
_____
_____
_____

20 _____
_____
_____
_____
_____

20 _____
_____
_____
_____
_____

Date: _____

20_____

_____

_____

_____

20_____

_____

_____

_____

20_____

_____

_____

_____

20_____

_____

_____

_____

Date: _____

20 _____
_____
_____
_____
_____
_____

20 _____
_____
_____
_____
_____
_____

20 _____
_____
_____
_____
_____

20 _____
_____
_____
_____
_____

Date: _____

20 _____
_____
_____
_____

20 _____
_____
_____
_____

20 _____
_____
_____
_____

20 _____
_____
_____
_____

Date: _____

20 _____
_____
_____
_____
_____
_____

20 _____
_____
_____
_____
_____
_____

20 _____
_____
_____
_____
_____

20 _____
_____
_____
_____
_____

Date: _____

20 _____
_____
_____
_____
_____

20 _____
_____
_____
_____
_____

20 _____
_____
_____
_____

20 _____
_____
_____
_____
_____

Date: _____

20 _____
_____
_____
_____
_____
_____

20 _____
_____
_____
_____
_____
_____

20 _____
_____
_____
_____
_____
_____

20 _____
_____
_____
_____
_____
_____

Date: _____

20 _____
_____
_____
_____
_____

20 _____
_____
_____
_____
_____

20 _____
_____
_____
_____

20 _____
_____
_____
_____

Date: _____

20 _____
_____
_____
_____
_____

20 _____
_____
_____
_____
_____

20 _____
_____
_____
_____
_____

20 _____
_____
_____
_____
_____

Date: _____

20_____
_____
_____
_____

20_____
_____
_____
_____

20_____
_____
_____
_____

20_____
_____
_____
_____

Date: _____

20_____
_____
_____
_____
_____

20_____
_____
_____
_____
_____

20_____
_____
_____
_____
_____

20_____
_____
_____
_____
_____

Date: _____

20 _____
_____
_____
_____
_____

20 _____
_____
_____
_____
_____

20 _____
_____
_____
_____
_____

20 _____
_____
_____
_____
_____

Date: _____

20_____
_____
_____
_____
_____

20_____
_____
_____
_____
_____

20_____
_____
_____
_____
_____

20_____
_____
_____
_____
_____

Date: _____

20 _____
_____
_____
_____
_____

20 _____
_____
_____
_____
_____

20 _____
_____
_____
_____
_____

20 _____
_____
_____
_____
_____

Date: _____

20 _____
_____
_____
_____
_____

20 _____
_____
_____
_____
_____

20 _____
_____
_____
_____
_____

20 _____
_____
_____
_____
_____

Date: _____

20_____

20_____

20_____

20_____

Date: _____

20 _____
_____
_____
_____

20 _____
_____
_____
_____

20 _____
_____
_____
_____

20 _____
_____
_____
_____

Date: _____

20 _____
_____
_____
_____
_____

20 _____
_____
_____
_____
_____

20 _____
_____
_____
_____
_____

20 _____
_____
_____
_____
_____

Date: _____

20 _____
_____
_____
_____

20 _____
_____
_____
_____

20 _____
_____
_____
_____

20 _____
_____
_____
_____

Date: _____

20 _____
_____
_____
_____

20 _____
_____
_____
_____

20 _____
_____
_____
_____

20 _____
_____
_____
_____

Date: _____

20_____

_____
_____
_____

20_____

_____
_____
_____

20_____

_____
_____
_____

20_____

_____
_____
_____

Date: _____

20 _____

_____
_____
_____

20 _____

_____
_____
_____

20 _____

_____
_____
_____

20 _____

_____
_____
_____

Date: _____

20 _____

_____

_____

_____

20 _____

_____

_____

_____

20 _____

_____

_____

_____

20 _____

_____

_____

_____

Date: _____

20 _____
_____
_____
_____

20 _____
_____
_____
_____

20 _____
_____
_____
_____

20 _____
_____
_____
_____

Date: _____

20_____

_____

_____

_____

20_____

_____

_____

_____

20_____

_____

_____

_____

20_____

_____

_____

_____

Date: _____

20 _____
 _____
 _____
 _____
 _____

20 _____
 _____
 _____
 _____
 _____

20 _____
 _____
 _____
 _____
 _____

20 _____
 _____
 _____
 _____
 _____

Date: _____

| 20 | _____ |

| 20 | _____ |

| 20 | _____ |

| 20 | _____ |

Date: _____

20 _____
_____
_____
_____

20 _____
_____
_____
_____

20 _____
_____
_____
_____

20 _____
_____
_____
_____

Date: _____

20 _____
_____
_____
_____
_____

20 _____
_____
_____
_____
_____

20 _____
_____
_____
_____

20 _____
_____
_____
_____

Date: _____

20 _____
_____
_____
_____
_____

20 _____
_____
_____
_____
_____

20 _____
_____
_____
_____
_____

20 _____
_____
_____
_____
_____

Date: _____

20 _____
_____
_____
_____
_____

20 _____
_____
_____
_____
_____

20 _____
_____
_____
_____
_____

20 _____
_____
_____
_____
_____

Date: _____

20 _____
_____
_____
_____

20 _____
_____
_____
_____

20 _____
_____
_____
_____

20 _____
_____
_____
_____

Date: _____

20 _____
_____
_____
_____
_____

20 _____
_____
_____
_____
_____

20 _____
_____
_____
_____
_____

20 _____
_____
_____
_____
_____

Date: _____

20 _____
_____
_____
_____
_____

20 _____
_____
_____
_____
_____

20 _____
_____
_____
_____

20 _____
_____
_____
_____

Date: _____

20 _____
_____
_____
_____
_____
_____

20 _____
_____
_____
_____
_____
_____

20 _____
_____
_____
_____
_____

20 _____
_____
_____
_____
_____

Date: _____

20 _____

_____

_____

20 _____

_____

_____

20 _____

_____

_____

20 _____

_____

_____

Date: _____

20 _____
_____
_____
_____
_____
_____

20 _____
_____
_____
_____
_____
_____

20 _____
_____
_____
_____
_____
_____

20 _____
_____
_____
_____
_____
_____

Date: _____

20___ _____
_____
_____
_____
_____
_____

20___ _____
_____
_____
_____
_____
_____

20___ _____
_____
_____
_____
_____
_____

20___ _____
_____
_____
_____
_____

Date: _____

20 _____
   _____
   _____
   _____
   _____

20 _____
   _____
   _____
   _____
   _____

20 _____
   _____
   _____
   _____
   _____

20 _____
   _____
   _____
   _____
   _____

Date: _____

20 _____
_____
_____
_____

20 _____
_____
_____
_____

20 _____
_____
_____
_____

20 _____
_____
_____
_____

Date: _____

20 _____
_____
_____
_____
_____

20 _____
_____
_____
_____
_____

20 _____
_____
_____
_____
_____

20 _____
_____
_____
_____
_____

Date: _____

20 _____
_____
_____
_____

20 _____
_____
_____
_____

20 _____
_____
_____
_____

20 _____
_____
_____
_____

Date: _____

20 _____

_____

_____

_____

20 _____

_____

_____

_____

20 _____

_____

_____

_____

20 _____

_____

_____

_____

Date: _____

20_____
_____
_____
_____
_____

20_____
_____
_____
_____
_____

20_____
_____
_____
_____
_____

20_____
_____
_____
_____
_____

Date: _____

20 _____
_____
_____
_____
_____
_____

20 _____
_____
_____
_____
_____
_____

20 _____
_____
_____
_____
_____
_____

20 _____
_____
_____
_____
_____
_____

Date: _____

20 _____

20 _____

20 _____

20 _____

Date: _____

20 _____
_____
_____
_____
_____

20 _____
_____
_____
_____
_____

20 _____
_____
_____
_____
_____

20 _____
_____
_____
_____
_____

Date: _____

20 _____
_____
_____
_____
_____

20 _____
_____
_____
_____
_____

20 _____
_____
_____
_____
_____

20 _____
_____
_____
_____
_____

Date: _____

20 _____
_____
_____
_____
_____

20 _____
_____
_____
_____
_____

20 _____
_____
_____
_____

20 _____
_____
_____
_____

Date: _____

20_____
_____
_____
_____

20_____
_____
_____
_____

20_____
_____
_____
_____

20_____
_____
_____
_____

Date: _____

20 _____
_____
_____
_____
_____
_____

20 _____
_____
_____
_____
_____
_____

20 _____
_____
_____
_____
_____

20 _____
_____
_____
_____
_____

Date: _____

20 _____
_____
_____
_____
_____
_____

20 _____
_____
_____
_____
_____
_____

20 _____
_____
_____
_____
_____
_____

20 _____
_____
_____
_____
_____
_____

Date: _____

20 _____
_____
_____
_____
_____
_____

20 _____
_____
_____
_____
_____
_____

20 _____
_____
_____
_____
_____

20 _____
_____
_____
_____
_____

Date: _____

20 _____
_____
_____
_____
_____

20 _____
_____
_____
_____
_____

20 _____
_____
_____
_____

20 _____
_____
_____
_____

Date: _____

20 _____
_____
_____
_____

20 _____
_____
_____
_____

20 _____
_____
_____
_____

20 _____
_____
_____
_____

Date: _____

20 _____
_____
_____
_____

20 _____
_____
_____
_____

20 _____
_____
_____
_____

20 _____
_____
_____
_____

Date: _____

20_ _____
_____
_____
_____
_____

20_ _____
_____
_____
_____
_____

20_ _____
_____
_____
_____

20_ _____
_____
_____
_____
_____

Date: _____

20 _____
_____
_____
_____
_____

20 _____
_____
_____
_____
_____

20 _____
_____
_____
_____
_____

20 _____
_____
_____
_____
_____

Date: _____

20 _____
_____
_____
_____

20 _____
_____
_____
_____

20 _____
_____
_____
_____

20 _____
_____
_____
_____

Date: _____

20 _____
_____
_____
_____
_____

20 _____
_____
_____
_____
_____

20 _____
_____
_____
_____
_____

20 _____
_____
_____
_____
_____

Date: _____

20 _____
_____
_____
_____
_____
_____
_____

20 _____
_____
_____
_____
_____
_____
_____

20 _____
_____
_____
_____
_____
_____
_____

20 _____
_____
_____
_____
_____
_____
_____

Date: _____

20 _____
_____
_____
_____
_____

20 _____
_____
_____
_____
_____

20 _____
_____
_____
_____
_____

20 _____
_____
_____
_____
_____

Date: _____

20_____
_____
_____
_____
_____

20_____
_____
_____
_____
_____

20_____
_____
_____
_____
_____

20_____
_____
_____
_____
_____

Date: _____

20 _____

20 _____

20 _____

20 _____

Date: _____

20 _____
_____
_____
_____
_____
_____

20 _____
_____
_____
_____
_____
_____

20 _____
_____
_____
_____
_____
_____

20 _____
_____
_____
_____
_____
_____

Date: _____

20 _____
_____
_____
_____
_____

20 _____
_____
_____
_____
_____

20 _____
_____
_____
_____
_____

20 _____
_____
_____
_____
_____

Date: _____

20___ _____
_____
_____
_____
_____

20___ _____
_____
_____
_____
_____

20___ _____
_____
_____
_____
_____

20___ _____
_____
_____
_____
_____

Date: _____

20 _____
_____
_____
_____
_____

20 _____
_____
_____
_____
_____

20 _____
_____
_____
_____
_____

20 _____
_____
_____
_____
_____

Date: _____

20 ——————
————————
————————
————————
————————
————————

20 ——————
————————
————————
————————
————————

20 ——————
————————
————————
————————

20 ——————
————————
————————
————————

Date: _____

20 _____
_____
_____
_____

20 _____
_____
_____
_____

20 _____
_____
_____
_____

20 _____
_____
_____
_____

Date: _____

20 _____
_____
_____
_____
_____

20 _____
_____
_____
_____
_____

20 _____
_____
_____
_____
_____

20 _____
_____
_____
_____
_____

Date: _____

20 _____
_____
_____
_____
_____

20 _____
_____
_____
_____
_____

20 _____
_____
_____
_____
_____

20 _____
_____
_____
_____
_____

Date: _____

20 _____
_____
_____
_____
_____

20 _____
_____
_____
_____
_____

20 _____
_____
_____
_____

20 _____
_____
_____
_____

Date: _____

20　_____
_____
_____
_____
_____

20　_____
_____
_____
_____
_____

20　_____
_____
_____
_____
_____

20　_____
_____
_____
_____
_____

Date: _____

20 _____
   _____
   _____
   _____
   _____
   _____

20 _____
   _____
   _____
   _____
   _____
   _____

20 _____
   _____
   _____
   _____
   _____
   _____

20 _____
   _____
   _____
   _____
   _____
   _____

Date: _____

20 _____
_____
_____
_____
_____

20 _____
_____
_____
_____
_____

20 _____
_____
_____
_____
_____

20 _____
_____
_____
_____
_____

Date: _____

20 _____
_____

_____
_____
_____

20 _____
_____

_____
_____
_____

20 _____
_____

_____
_____
_____

20 _____
_____

_____
_____
_____

Date: _____

20 _____
_____
_____
_____
_____

20 _____
_____
_____
_____
_____

20 _____
_____
_____
_____

20 _____
_____
_____
_____

Date: _____

20 _____
_____
_____
_____
_____

20 _____
_____
_____
_____

20 _____
_____
_____
_____

20 _____
_____
_____
_____

Date: _____

20 _____
_____
_____
_____

20 _____
_____
_____
_____

20 _____
_____
_____
_____

20 _____
_____
_____
_____

Date: _____

20 _____
_____
_____
_____
_____

20 _____
_____
_____
_____
_____

20 _____
_____
_____
_____
_____

20 _____
_____
_____
_____
_____

Date: _____

20 _____
_____
_____
_____

20 _____
_____
_____
_____

20 _____
_____
_____
_____

20 _____
_____
_____
_____

Date: _____

20 _____

_____

_____

_____

20 _____

_____

_____

_____

20 _____

_____

_____

_____

20 _____

_____

_____

_____

Date: _____

20 _____
_____
_____
_____
_____

20 _____
_____
_____
_____
_____

20 _____
_____
_____
_____
_____

20 _____
_____
_____
_____

Date: _____

20 _____
   _____
   _____
   _____
   _____

20 _____
   _____
   _____
   _____
   _____

20 _____
   _____
   _____
   _____
   _____

20 _____
   _____
   _____
   _____
   _____

Date: _____

20 _____
_____
_____
_____

20 _____
_____
_____
_____

20 _____
_____
_____
_____

20 _____
_____
_____
_____

Date: _____

20 _____
_____
_____
_____
_____

20 _____
_____
_____
_____
_____

20 _____
_____
_____
_____
_____

20 _____
_____
_____
_____
_____

Date: _____

20　_____
_____
_____
_____

20　_____
_____
_____
_____

20　_____
_____
_____
_____

20　_____
_____
_____
_____

Date: _____

20____

_____
_____
_____
_____
_____

20____

_____
_____
_____
_____
_____

20____

_____
_____
_____
_____
_____

20____

_____
_____
_____
_____
_____

Date: _____

20____ _____
_____
_____
_____

20____ _____
_____
_____
_____

20____ _____
_____
_____
_____

20____ _____
_____
_____
_____

Date: _____

20_____ _____
_____
_____
_____
_____

20_____ _____
_____
_____
_____
_____

20_____ _____
_____
_____
_____
_____

20_____ _____
_____
_____
_____
_____

Date: _____

20 _____
_____
_____
_____

20 _____
_____
_____
_____

20 _____
_____
_____
_____

20 _____
_____
_____
_____

Date: _____

20 _____
_____

_____
_____
_____

20 _____
_____

_____
_____
_____

20 _____
_____

_____
_____
_____

20 _____
_____

_____
_____
_____

Date: _____

20 _____
_____
_____
_____

20 _____
_____
_____
_____
_____

20 _____
_____
_____
_____

20 _____
_____
_____
_____

Date: _____

20 _____
_____

_____
_____
_____

20 _____
_____

_____
_____
_____

20 _____
_____

_____
_____
_____

20 _____
_____

_____
_____
_____

Date: _____

20 _____

20 _____

20 _____

20 _____

Date: _____

20 _____
_____

_____
_____
_____

20 _____
_____

_____
_____
_____

20 _____
_____

_____
_____
_____

20 _____
_____

_____
_____
_____

Date: _____

20_____
_____
_____
_____
_____

20_____
_____
_____
_____
_____

20_____
_____
_____
_____

20_____
_____
_____
_____

Date: _____

20 _____
_____
_____
_____
_____
_____

20 _____
_____
_____
_____
_____
_____

20 _____
_____
_____
_____
_____
_____

20 _____
_____
_____
_____
_____
_____

Date: _____

20 _____
_____
_____
_____
_____

20 _____
_____
_____
_____
_____

20 _____
_____
_____
_____

20 _____
_____
_____
_____

Date: _____

20 _____
_____
_____
_____

20 _____
_____
_____
_____

20 _____
_____
_____
_____

20 _____
_____
_____
_____

Date: _____

20 _____
_____
_____
_____
_____

20 _____
_____
_____
_____
_____

20 _____
_____
_____
_____

20 _____
_____
_____
_____

Date: _____

20 _____
_____
_____
_____
_____

20 _____
_____
_____
_____
_____

20 _____
_____
_____
_____
_____

20 _____
_____
_____
_____
_____

Date: _____

20 _____
_____
_____
_____
_____
_____

20 _____
_____
_____
_____
_____
_____

20 _____
_____
_____
_____
_____
_____

20 _____
_____
_____
_____
_____
_____

Date: _____

20 _____
_____
_____
_____
_____
_____

20 _____
_____
_____
_____
_____
_____

20 _____
_____
_____
_____
_____
_____

20 _____
_____
_____
_____
_____
_____

Date: _____

20 _____
_____
_____
_____
_____

20 _____
_____
_____
_____
_____

20 _____
_____
_____
_____
_____

20 _____
_____
_____
_____
_____

Date: _____

20 _____
_____
_____
_____
_____

20 _____
_____
_____
_____
_____

20 _____
_____
_____
_____
_____

20 _____
_____
_____
_____
_____

Date: _____

20 _____
_____
_____
_____

20 _____
_____
_____
_____

20 _____
_____
_____
_____

20 _____
_____
_____
_____

Date: _____

20 _____
_____
_____
_____
_____

20 _____
_____
_____
_____
_____

20 _____
_____
_____
_____
_____

20 _____
_____
_____
_____
_____

Date: _____

20___ _____
_____
_____
_____
_____

20___ _____
_____
_____
_____
_____

20___ _____
_____
_____
_____
_____

20___ _____
_____
_____
_____
_____

Date: _____

20 _____
_____
_____
_____
_____
_____

20 _____
_____
_____
_____
_____
_____

20 _____
_____
_____
_____
_____
_____

20 _____
_____
_____
_____
_____
_____

Date: _____

20 _____
_____
_____
_____
_____
_____

20 _____
_____
_____
_____
_____
_____

20 _____
_____
_____
_____
_____
_____

20 _____
_____
_____
_____
_____
_____

Date: _____

20 _____
_____
_____
_____
_____

20 _____
_____
_____
_____
_____

20 _____
_____
_____
_____
_____

20 _____
_____
_____
_____
_____

Date: _____

20 _____
_____
_____
_____
_____
_____

20 _____
_____
_____
_____
_____
_____

20 _____
_____
_____
_____
_____
_____

20 _____
_____
_____
_____
_____
_____

Date: _____

20 _____
_____
_____
_____
_____
_____

20 _____
_____
_____
_____
_____
_____

20 _____
_____
_____
_____
_____
_____

20 _____
_____
_____
_____
_____
_____

Date: _____

20 _____
_____
_____
_____
_____
_____

20 _____
_____
_____
_____
_____
_____

20 _____
_____
_____
_____
_____
_____

20 _____
_____
_____
_____
_____

Date: _____

20 _____
_____
_____
_____
_____

20 _____
_____
_____
_____
_____

20 _____
_____
_____
_____
_____

20 _____
_____
_____
_____
_____

Date: _____

20 _____
_____
_____
_____
_____

20 _____
_____
_____
_____
_____

20 _____
_____
_____
_____
_____

20 _____
_____
_____
_____
_____

Date: _____

20 _____
_____
_____
_____
_____

20 _____
_____
_____
_____
_____

20 _____
_____
_____
_____
_____

20 _____
_____
_____
_____
_____

Date: _____

20 _____

20 _____

20 _____

20 _____

Date: _____

20 _____
_____
_____
_____
_____
_____

20 _____
_____
_____
_____
_____
_____

20 _____
_____
_____
_____
_____
_____

20 _____
_____
_____
_____
_____
_____

Date: _____

20 _____
_____
_____
_____
_____
_____

20 _____
_____
_____
_____
_____
_____

20 _____
_____
_____
_____
_____
_____

20 _____
_____
_____
_____
_____
_____

Date: _____

20_____ _____
_____
_____
_____

20_____ _____
_____
_____
_____

20_____ _____
_____
_____
_____

20_____ _____
_____
_____
_____

Date: _____

20 _____
_____
_____
_____

20 _____
_____
_____
_____

20 _____
_____
_____
_____

20 _____
_____
_____
_____

Date: _____

20 _____
_____
_____
_____

20 _____
_____
_____
_____

20 _____
_____
_____
_____

20 _____
_____
_____
_____

Date: _____

20 _____
_____
_____
_____
_____

20 _____
_____
_____
_____
_____

20 _____
_____
_____
_____
_____

20 _____
_____
_____
_____
_____

Date: _____

20 _____
   _____
   _____
   _____
   _____
   _____

20 _____
   _____
   _____
   _____
   _____
   _____

20 _____
   _____
   _____
   _____
   _____
   _____

20 _____
   _____
   _____
   _____
   _____
   _____

Date: _____

20 _____
_____
_____
_____
_____

20 _____
_____
_____
_____
_____

20 _____
_____
_____
_____

20 _____
_____
_____
_____

Date: _____

20 _____
_____
_____
_____
_____

20 _____
_____
_____
_____
_____

20 _____
_____
_____
_____
_____

20 _____
_____
_____
_____
_____

Date: _____

20 _____
_____
_____
_____
_____

20 _____
_____
_____
_____
_____

20 _____
_____
_____
_____
_____

20 _____
_____
_____
_____
_____

Date: _____

20 _____
_____

_____
_____
_____

20 _____
_____

_____
_____
_____

20 _____
_____

_____
_____
_____

20 _____
_____

_____
_____
_____

Date: _____

20 _____
_____
_____
_____
_____
_____

20 _____
_____
_____
_____
_____
_____

20 _____
_____
_____
_____
_____

20 _____
_____
_____
_____
_____

Date: _____

20____ _____
_____
_____
_____
_____
_____

20____ _____
_____
_____
_____
_____
_____

20____ _____
_____
_____
_____
_____
_____

20____ _____
_____
_____
_____
_____
_____

Date: _____

20 _____
_____
_____
_____

20 _____
_____
_____
_____

20 _____
_____
_____
_____

20 _____
_____
_____
_____

Date: _____

20 _____
_____
_____
_____
_____

20 _____
_____
_____
_____
_____

20 _____
_____
_____
_____
_____

20 _____
_____
_____
_____
_____

Date: _____

20 _____
   _____
   _____
   _____
   _____

20 _____
   _____
   _____
   _____
   _____

20 _____
   _____
   _____
   _____
   _____

20 _____
   _____
   _____
   _____
   _____

Date: _____

20 _____
_____
_____
_____

20 _____
_____
_____
_____

20 _____
_____
_____
_____

20 _____
_____
_____
_____

Date: _____

20 _____
_____
_____
_____
_____

20 _____
_____
_____
_____
_____

20 _____
_____
_____
_____
_____

20 _____
_____
_____
_____
_____

Date: _____

20 _____
_____
_____
_____
_____

20 _____
_____
_____
_____
_____

20 _____
_____
_____
_____
_____

20 _____
_____
_____
_____
_____

Date: _____

20 _____
_____
_____
_____

20 _____
_____
_____
_____

20 _____
_____
_____
_____

20 _____
_____
_____
_____

Date: _____

20 _____
_____
_____
_____

20 _____
_____
_____
_____

20 _____
_____
_____
_____

20 _____
_____
_____
_____

Made in United States
North Haven, CT
15 June 2023

37776475R00202